Zz

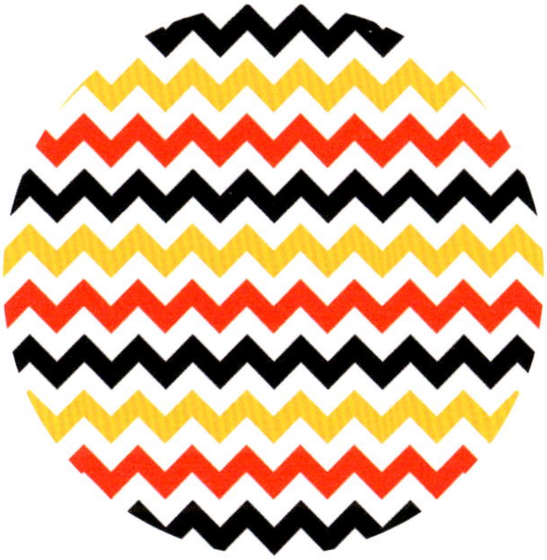

Ransom

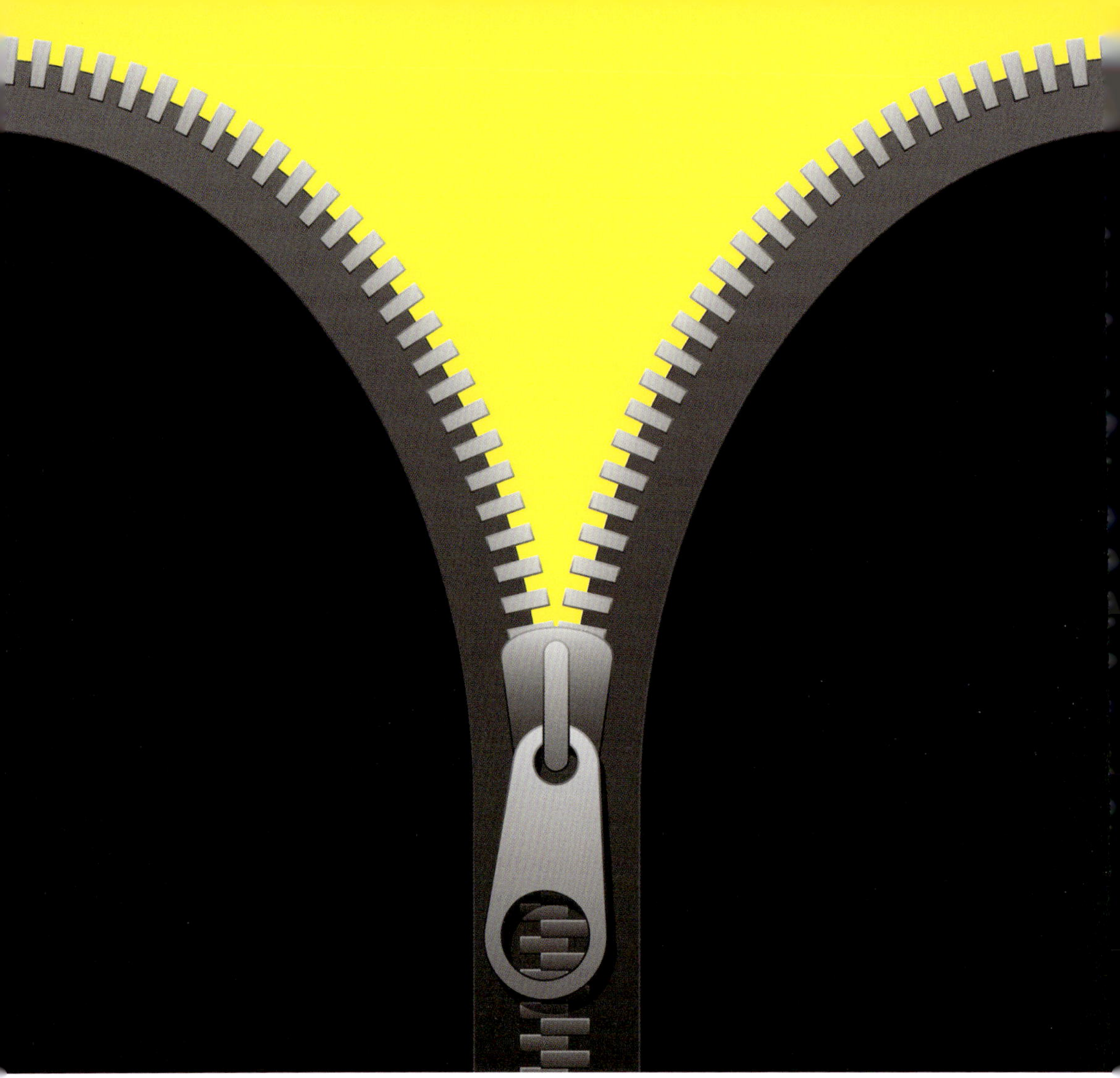

zip

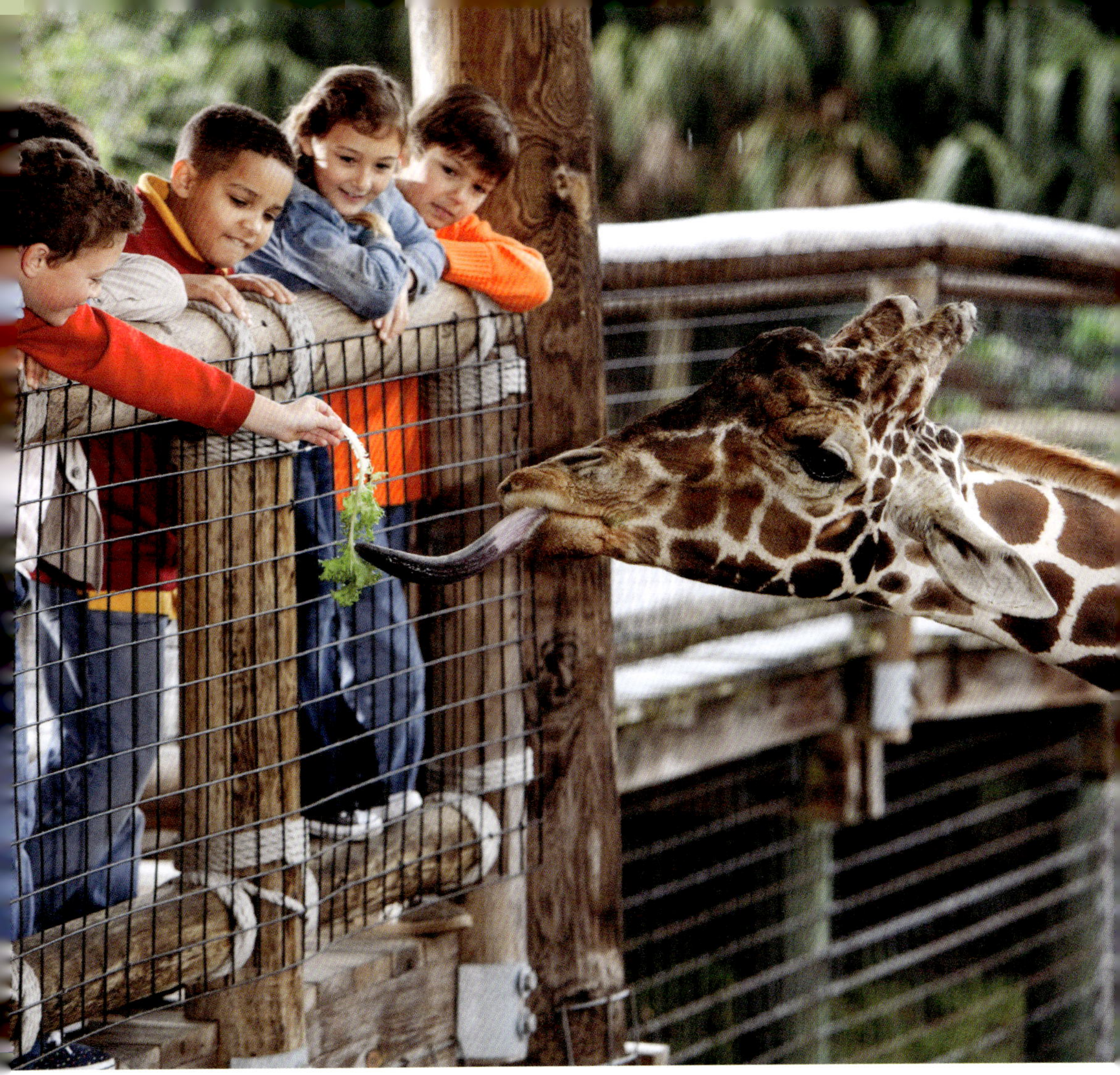

zoo

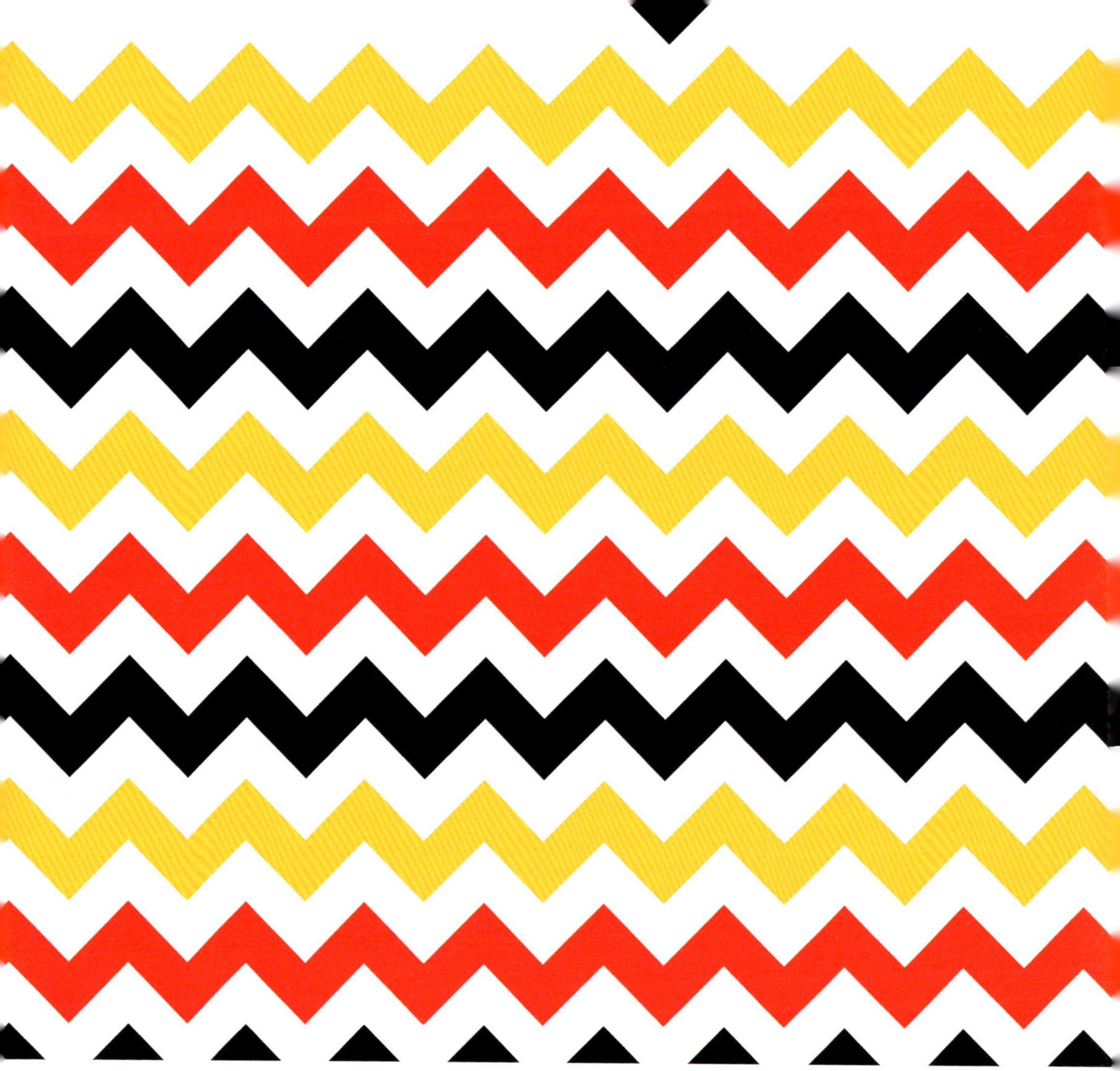

zig-zag

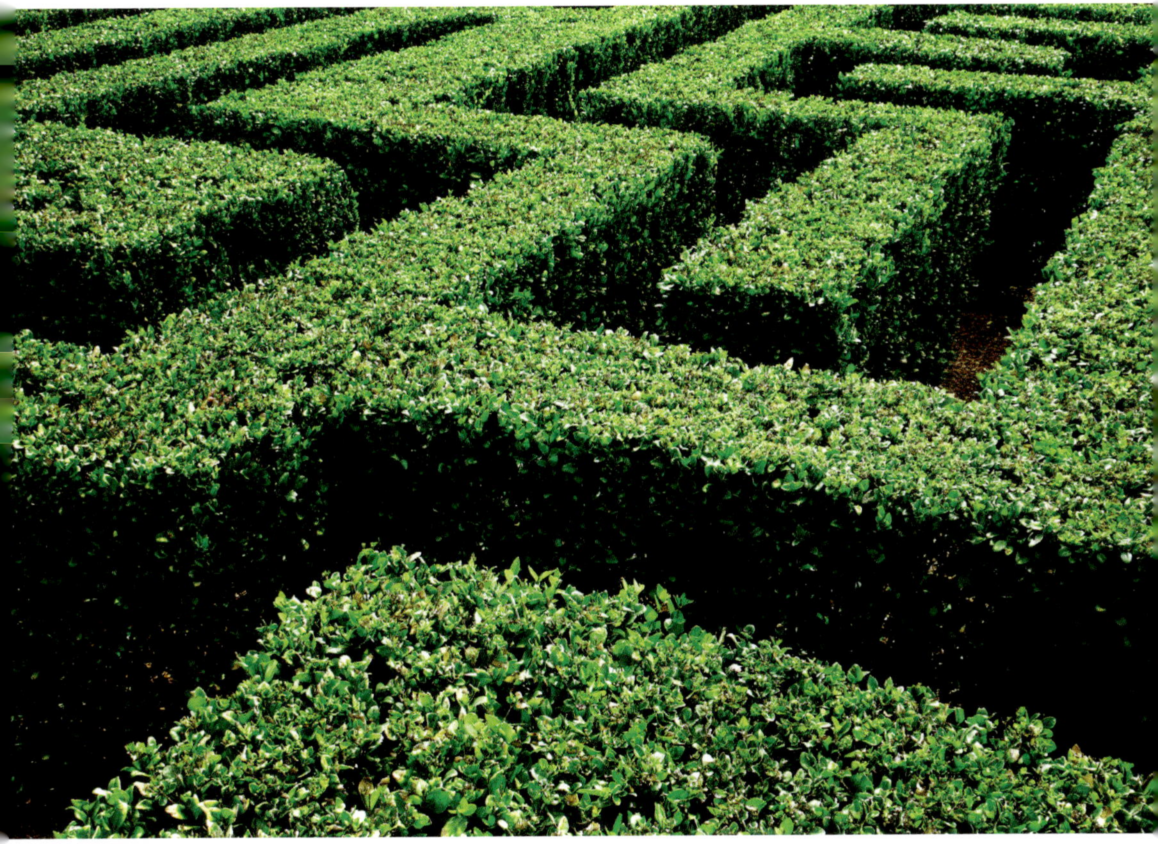

maze

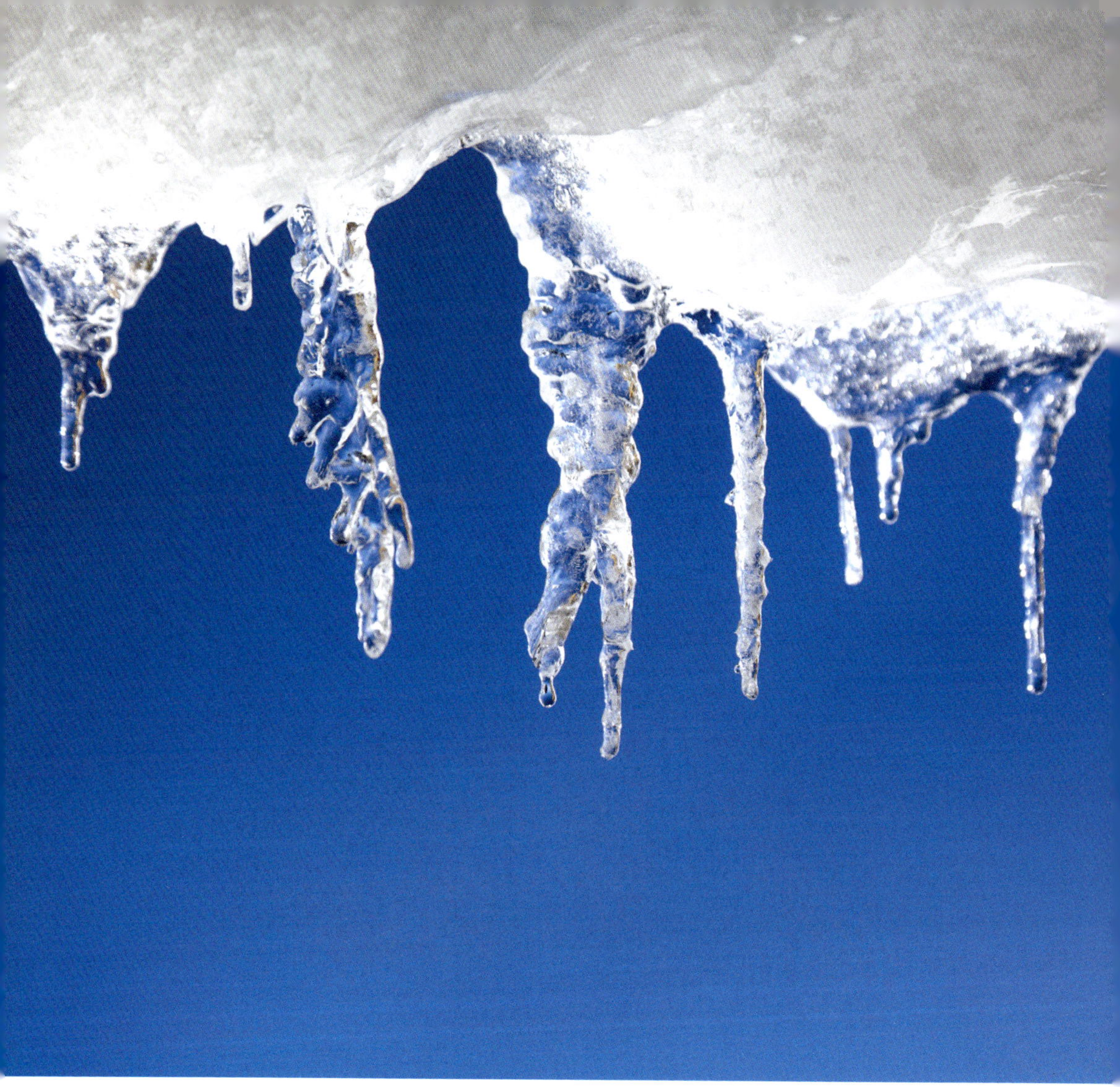

freezing

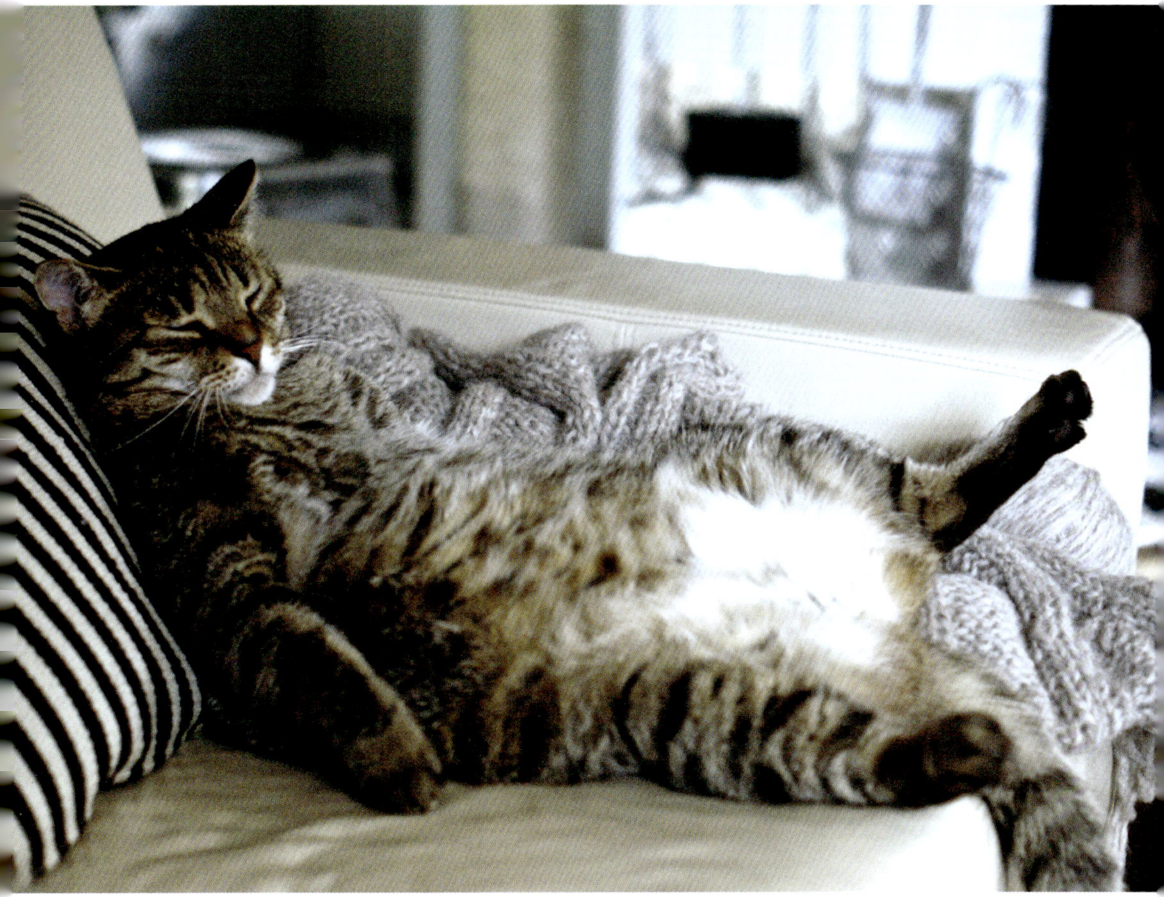

lazy

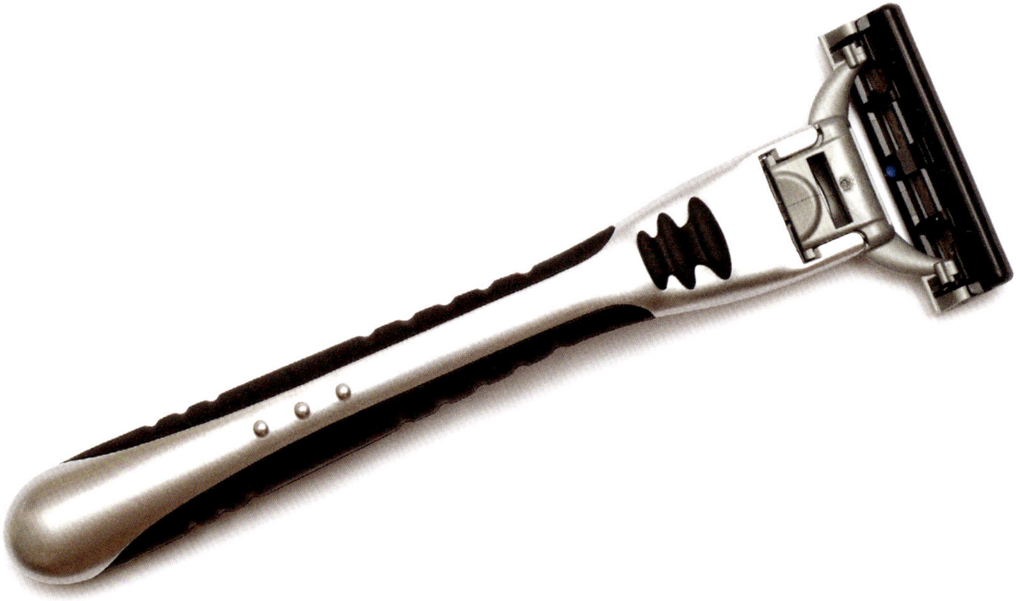

razor

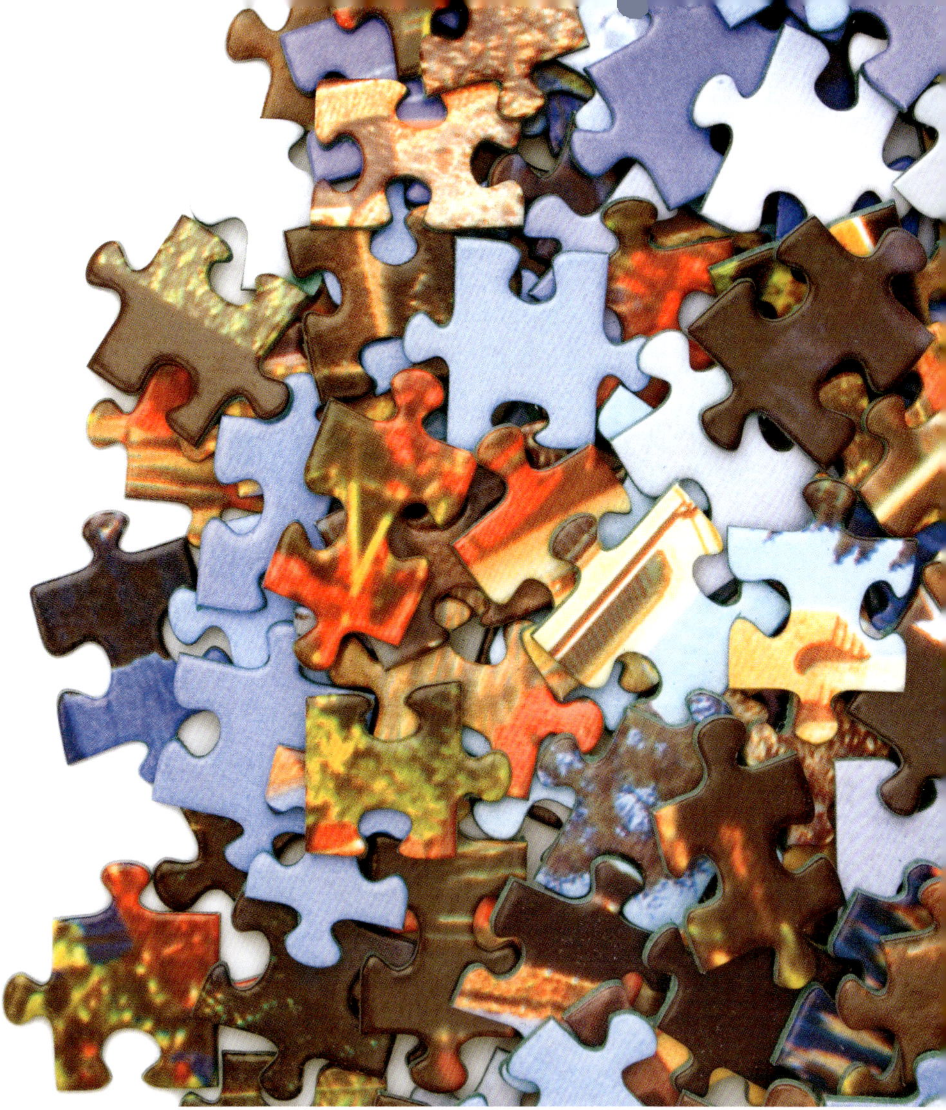

puzzle

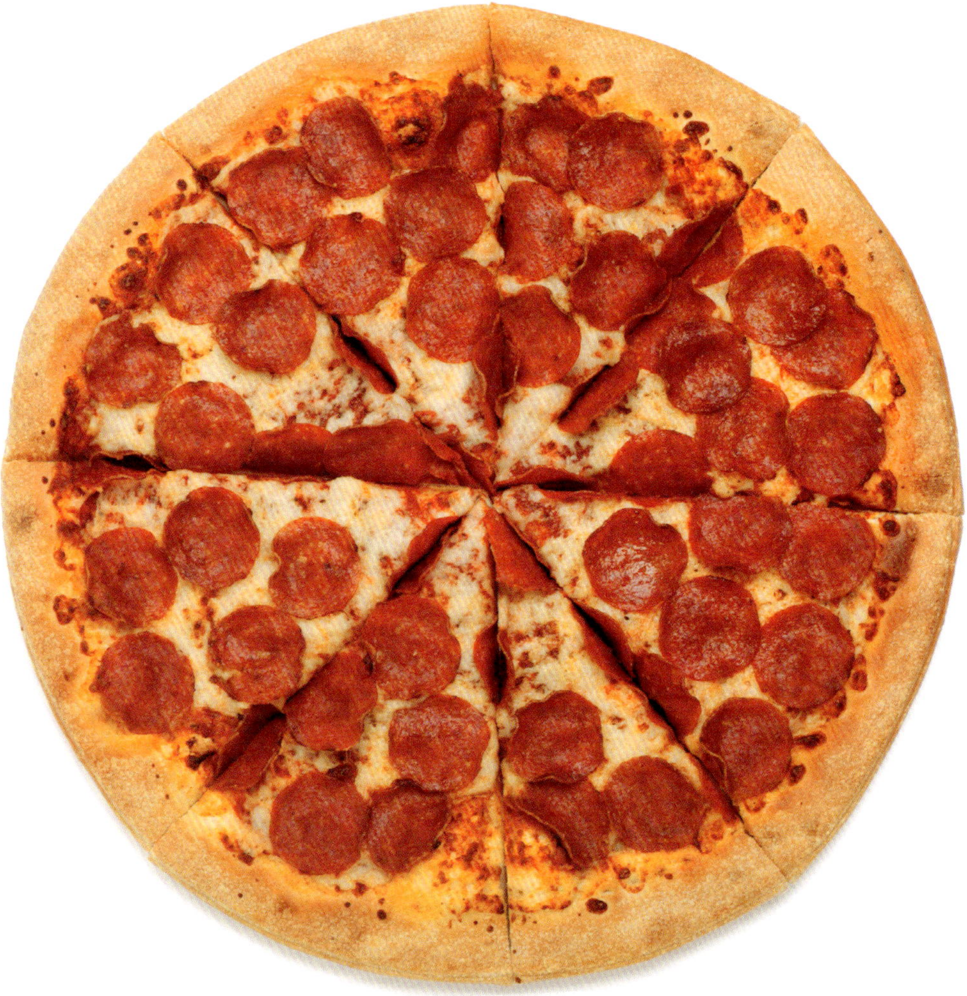

Z Z Z Z

Z Z Z Z

Zz

zip

zoo

zig-zag

maze

freezing

lazy

razor

puzzle